마음의 무덤

2011@곽병수 마음의 무덤

인 쇄 : 초판인쇄 2011년 11월 20일
인 쇄 : 초판발행 2011년 11월 24일
지은이 : 곽병수
펴낸이 : 윤기영
펴낸곳 : 도서출판 현대시선
등 록 : 제 387-2006-00017호
본 사 : 서울시 동대문구 장안동 394-15호 203호
지 사 : 경기도 부천시 원미구 원미동 147-12
전 화 : 070-8887-8233 팩시밀리 : 02-831-5832
이메일 : hdpoem55@hanmail.net

정 가 : 8.000원정
ISBN : 978-89-92687-27-0-03810

마음의 무덤

水岩 곽병수

도서출판/현대시선

목 차

마음의 무덤

1부. 영광의 그날

2부. 누가 뭐 라든

3부. 시의 매력

4부. 행복이란

저자의 말

"마음의 무덤"

사춘기 소년의 꿈 많은 학창시절
시를 좋아하지 않은 소년, 소녀가 있겠느냐만
꿈 많은 문학 소년이 되어
희망과 함께 시를, 시와 함께 희망을

누렇게 변색된 먼지 묻은 골동품
40여 년 전 미완성작품의 시집 한 권
영원히 묻어 버려야 했던 미완성의 시집을……
군입대하여 6개월 만에 양친의 갑작스런 운명
폭발 못 하는 서러움, 분노, 속절없는 방황
군 생활 철조망은 젊음을 구속한다고들 하지만
그 철조망은 방황하는 나를 잡아주는 역할을 했고
시속의 세계가 나의 방패막이 되어 주었으나

제대하는 날
미완성 작품은 삶의 무게에 짓눌려 포기해야만 했고 눈물에 젖은 빵을 먹어야만 시구가 나오고 시를 쓰면 마음이 약해져 가난의 고리가 된다는 어린 생각에 고아 아닌 고아가 된 나
거친 세상 강한 사나이가 되려고 마음의 무덤으로 묻어야 했던 나

그 이후 쓰지도, 보지도, 말하지도 않았고 40여
년이 지난 지금 막내까지 분가시키니 꽉 찼던
집이 텅 빈집 되어
아무도 없다는 공허감과 허무감에 시달리고

나는 누구인지, 또 무엇인지?
잃어버린 나를 찾기 위해 되돌아보니
내 인생은 저만큼 멀리와 있다는 것을 깨달았고
지금 이 순간부터라도 나를 찾고
잃어버린 낭만을 찾겠다는 마음에
묻어 버렸던 미완성의 작품인
"마음의 무덤" 을 다시 꺼내 생활의 지침서를 담아

추억의 힘찬 황새 되어
초심을 잃지 않으며 느끼는 감성을 포장하지 않고
그대로 독자에게 다가가고 싶습니다.
미완성의 작품에서 대상까지
세상에 탄생하니 감개무량 합니다.

2011. 11.

"마음의 무덤" 출판소감을 쓰면서… 水岩 곽병수

1부.

영광의 그날

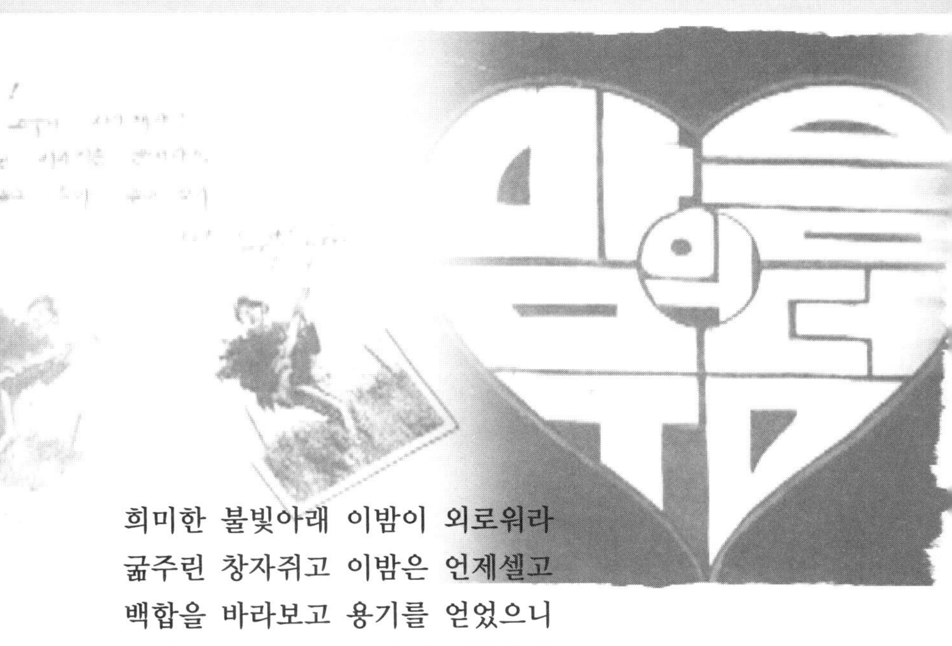

희미한 불빛아래 이밤이 외로워라
굶주린 창자쥐고 이밤은 언제셀고
백합을 바라보고 용기를 얻었으니
졸리운 두눈뜨고 꾸준히 공부하세

-영광의 그날 중에서-

영광의 그날

희미한 불빛아래 이밤이 외로워라
굶주린 창자쥐고 이밤은 언제셀고
백합을 바라보고 용기를 얻었으니
졸리운 두눈뜨고 꾸준히 공부하세

오너라 2월이여 영광의 그날이여
머리엔 금관쓰고 손에는 꽃을쥐고
그리운 백합만나 하소연 하고싶네
영원히 변치말자 너와나 맹세하며.

* 마음의 무덤 책자에서 옮겨 씀 *

* 1964. 9. 8. 씀 *

그리운 사람

그리운 사람아
목련 향기가 은은히 떨어지는
계절의 언덕에 그림자를 밟고
또 하나의 그리운 추억을 찾는다

아련히 맺혀진 눈망울에
그리도 많은 아쉬움이
추억을 부둥켜안고
하얀 백지에 그리고 싶었을 게다

그리움을 그림이라 했는가
다물어진 입술을 깨물며
손가락을 한껏 눌러
오늘도 그리움을 그려본다

그리움
먼 것만 같은 그리움
어디론가 말없이 떠나가 버린
보고 싶은 사람이여
안녕,
안녕.

* 마음의 무덤 책자에서 옮겨 씀 *
* 1969년 1월 씀 *

기다림의 연속

뉘역 뉘역 한 해를 보내면서
노쇠한 몸뎅이를 지탱키보다
나면 죽는 철칙을 준수하는 인간들

오늘의 기대로
기다리며 기다리는
기다림의 연속을 잊지 않고
내일은 내일은

그 내일이 영원한
미래의 내일 일지라도
그것에 대한 기다림을
버리지 않고 살아가는

어쩌면
인간의 삶은
영원히 기다림의 연속일 거라고.

* 마음의 무덤 책자에서 옮겨 씀 *
* 1968년 7월31일 씀 *

0 시

0 이란 시간
오늘도 없어져 가고
내일이 오는 희망의 시간

오늘도 아니고
내일도 아닌 냉혹한 이 시간
과거 현재가 없어지는
이 순간 마지막 초점이 움직일 때

사람들은
곤한 잠에 빠져들고
오늘의 희망을 내일로 미뤄두며

어제의 슬픔을
고요 속에 던져버리면서
꺼져가는 정막 속에
이 밤도 둔한 시인이 되어본다.

* 마음의 무덤 책자에서 옮겨 씀 *
* 1965년 8월 씀. *

밤

사랑한다고
먼저 말한 건 그대
진정으로
사랑한 건 나

깨물고
좋아한 건 그대
먼저 싫증 난 건 너
버림받은 건 나

한 줌의 원망도
후회도 없이
밤, 밤
밤이 나빴는걸 뭐.

* 마음의 무덤 책자에서 옮겨 씀 *
* 1967년 11월 15일 씀 *

허 무

너와 나
어느 누가 지워준 운명인가
세월은 유예 없이 흐르는데
너와 나 사이의 거리는 여전하여라

어둠이 스며드는
절박한 지역에서
간절한 염원은 허공중에 부딪히고
덧없이 세월은 또 한 해 저물어

이해를 맞이하는 나의 맹세도
보람 없이 하늘과 땅이 다른
너와 나
거리만 서글퍼진다

심오한 계절 속에
노상 기다림만은 파랗건만
세상은 무심하여라
왜 이다지도 순탄치 못한고.

* 마음의 무덤 책자에서 옮겨 씀 *
* 1968. 2. 4.씀 *

여 심

그렇게 정답게 굴더니만

토라져 삐쭉하고

다시 돌아오고

고독에 젖은 눈물

달빛만이 외롭다.

* 마음의 무덤 책자에서 옮겨 씀 *
* 1968년 7월 25일 씀 *

망각의 질서

가슴팍을 쥐어뜯는
숱한 눈물이 있어도
어제가 변한 기적은
끝내 나타나지 않는다

피맺힌 시간이
줄줄이 흘러간 지금도
부서진 세월은
그날을 절규하고

시방
저만큼 망각의 질서에다
부서진 어제를
다시 세월 수는 없는가.

* 마음의 무덤 책자에서 옮겨 씀 *
* 1968. 7. 31. *

침묵의 염가

진 다홍 핏빛의 이별은
가만히 발소리 끌며
슬픔으로 우는데

지표에 서리는
꿈 잃은 대화들은
애수를 토하고

영 잊혀진 기억 위에 위치한
무서운 침묵의 염가는
공간을 쥐어짠
호흡 속에 울려라

저 머나먼 허공을 향해
한껏 발돋움하여
한주먹 가~득
공간을 쥔다.

* 마음의 무덤 책자에서 옮겨 씀 *
* 1968년 7월 씀 *

너와 나의 독백

난 네가 그리울 때면
너의 모습을 더듬어보며
아름다운 미소로 던져 보낸다

하지만 정녕 고독에 몸부림칠 때
너의 환상도 모습도
모두 백지가 되어 버리는 것을
난 어쩔 수 없구나

이게 가냘픈 숙명이라기엔
너무나 안타까워
우리가 주워 모은 숱한 대화가
오늘의 고독과 외로움을 달래주는
위안이 되기엔 너무나 어설퍼

아쉬운 추억만이 지니고
세월의 침묵 속에 잠들고 말겠구나
아! 그리운 나의 사람아.

* 마음의 무덤 책자에서 옮겨 씀 *
* 1969. 1. 29. 씀 *

청춘의 불꽃

너와 나는
슬픔도 아니고 기쁨도 아닌
무슨 의미 길래 덜 여문 대화를
짬 없이 속삭이고 있을까

서로가 사랑의 표정으로
주고받던 대화 속에서도
세월을 다짐하는 강물은 흘러

떠나갈 사람과 보내는 사랑이
굳은 표정으로 아무 말 없이
꿈을 묻어버리는 사람들

사랑이 쓸고 간 쓰라린 가슴엔
응어리가 자리 잡고
치유할 수 없는 세월 속에서

진정 나 하나만의
죄는 아닐 진데
그러다가, 그러다가
사라져버릴 청춘의 불꽃이여.

* 마음의 무덤 책자에서 옮겨 씀 * 1969년 3월 9일씀 *

외로운 사색

외로운 사색의 계절에 앉아
연인들의 입맞춤 소리가
은은히 귀가를 맴돌고
그녀의 풍만한 젖가슴을 더듬는다

멀지도 않은 가까운 거리에서
그리움의 표정을 주고받는
서로의 달콤한 대화 속에서

사랑이 심기어지고
우리의 의지가 펼쳐지고
향기로운 정감이 깃들고
먼 내일을 주고받았던 세월 속에서

알알이 머금은 추억의 기억을
이 밤, 얼마나 그리워하며
뜬눈으로 슬픔의 눈물 자국을
가슴에 깊이 새겨지고 있을까

수없이 불러도 대답 없는
하늘과 땅이 외로워
당신으로 하여금 눈물로 얼룩진
가슴속 그리움은 어찌하렵니까.

* 마음의 무덤 책자에서 옮겨 씀 *
* 1969. 1. *

연보라색 꿈

연보라색의 숱한 꿈들은
센치한 계집애의 가슴을
무한히도 울렸을 게다

이 밤
기다림에 지친 눈방울은
입술을 깨물며 울고 있을 게다

수줍은 해바라기는
고개 숙여 해를 따라가고
나는 오늘도
너의 소식을 애타게 기다리고

정녕 기다리다, 기다리다
맞이하는 슬픔보단
차라리
한 번 더 꿈을 꾸어보고 싶어라.

* 마음의 무덤 책자에서 옮겨 씀 *
* 1969. 1. 29. *

자 유

그 옛적
너와 나 살던 마을엔
철 따라 무궁화 다시 피련만

백오십 마일
비무장지대
녹슨 철조망의 잡초가 늙었구나

먼 훗날
아리랑 가락이
너를 웃길 수 있을까
두렵구나

너에게 보내는 내 마음은
자유란 두 글자
자유, 자 ~ 유.

* 마음의 무덤 책자에서 옮겨 씀 *
* 1969년 4월 9일 *

추 억

고요한 달그림자 속에
두견의 울음을 연상하는 순간

지난날의 향수가 그립게
파도처럼 밀려오는구나

한 장의 백지라면
모든 슬픔을 잊을 것을

차라리 잊지 못할 추억이라면
저 고요한 달 속에
나 혼자 조용히 간직하련다.

* 마음의 무덤 책자에서 옮겨 씀 *
* 1970. 1. 씀 *

귀 여 움

한창
피어나서 빰을 붉히고

건드리면 톡톡 터지는
석류알 같은 성숙함이여

눈물이 나도록
깨물어 버리고 싶은 귀여움이여

마침내
속속들이 찾아드는
그리움의 자리에서

이까짓 보고 싶음의 아픔쯤이야
애교로 봐줄 수 있겠네.

* 마음의 무덤 책자에서 옮겨 씀 *
* 1970년 1월 . *

너와 나

먼 어느 날
한우리 안에서 알게 된 너와 나

먼 어느 때
철모르고 놀던 시절 회상하면서

류알 같은 꿈
한 떨기 낙엽처럼 떨어지는 날

그러나
내일 축복받을 장밋빛 젊음

먼 훗날
한 줌의 흙으로 돌아갈 너와 나.

* 마음의 무덤 책자에서 옮겨 씀 *
* 1970년 1월 *

낙 서

오늘 밤
당신은 성스러움을 느꼈겠지요
그러나
그 다음 날의 허무감은
무엇으로 메꾸시렵니까.

* 마음의 무덤 책자에서 옮겨 씀 *
* 1970년 2월씀 *

왕

나는 왕이다
하지만 나는

고독과
슬픔의 왕이고

신하인 나를
다스려야만 한다.

* 마음의 무덤 책자에서 옮겨 씀 *
* 1970년 3월쯤 *

무소식

소식이 잦을수록
가까운 듯 멀어라

무소식이 희소식
소식조차 못하고

행여나 잘못될까
소식 없이 지나오.

* 마음의 무덤 책자에서 옮겨 씀 *
* 1970년 4월씀 *

달 무 리

달도 빛을 거두고
달무리가 잡힌 밤입니다

어둠 한 밝음이
온 누리를 덮었습니다

멀리 계시는 당신을
조용히 생각하면서

서럽고 그리운 마음을
누를 길이 없습니다.

* 마음의 무덤 책자에서 옮겨 씀 *
* 1971년 4월 9일씀 *

오늘과 내일

갈 곳이 없어도
오라는 곳 없어도
가야 할 몸, 가야만 하는 몸

두고 가는 사람
버리고 가는 사랑도
아쉬움 없이 떠남은
입술을 깨물음이여

미련은 영원을 위한
투쟁의 화살처럼 날아가고
못다 한목숨의 아픔만이
서러운 대로, 서러운 대로

아쉽지 않은 목숨을 안고
반겨 줄이 없는데
오라는 곳도 없는데
가야 할 곳은, 가야 할 곳은.

* 마음의 무덤 책자에서 옮겨 씀 *
* 1968. 7. 일씀 *

2부.

누가 뭐 라든

젊은이들이여
꿈은 높이 가져라
그래야만 일부라도
성취될 것 아니더냐

욕망이 있으면 어떤 형태로든
공급이 뒤따르게 되어 있고
모든 인생이란
간절히 원하는 만큼 이루어지니까.

-누가 뭐 라든 중에서-

누가 뭐 라든

누가 뭐 라든 누가 뭐 라든
내 꿈은 하늘이다
꿈이 높다고 그 누가 뭐랄 소냐
내 마음과 싸워 이겨야만 한다

가장 무서운 적은 마음속에 있으니
누구나 꿈꿀 수는 있지만
아무나 가질 수는 없다
끊임없는 노력과 자아를 발견하고
용기를 가지고 굳건히 매진하라

젊은이들이여
꿈은 높이 가져라
그래야만 일부라도
성취될 것 아니더냐

욕망이 있으면 어떤 형태로든
공급이 뒤따르게 되어 있고
모든 인생이란
간절히 원하는 만큼 이루어지니까.

그 곳

어디론가 훌쩍 떠나고 싶을 때
조용히 가슴 설레곤 하는
수줍음의 봉우리 가득한 그곳

제일 먼저 생각나게 하는
추억이 그리운 그곳
과연 그곳은 어디일까

시를 그려보는 숲 속의 그곳
지혜를 쌓을 수 있는 꿈과 희망을
나와 함께 묶어 그곳에 보내본다

숨을 멈추게 하는 그곳
걸음을 멈추게 하는 그곳
깜짝 놀라 멈추게 하는 그곳

멈추게 하는 그곳이 그곳이다
그곳이 그곳인 것을
그곳이 그곳인 것을.

재발견

단숨에 퍼지는 독
사악한 욕망
드러내고 맞서는 능력을 찾아

상상력을 발전시켜
이색적으로 독특하게
기억에 남을 행동

유난스러운 모습을 연출해
생에 재미있는 사연들로 채워
시간 흐름에 결을 새겨 넣어라

상대를 기억하고
시와 유모로 무장 해제시켜
진실 된 마음과 호응을 얻고

잠자고 있는 위대한 힘
최대한 활용하여
자신의 행동을 성찰하며 느껴라.

채 움

화끈한 사람은 화끈해 좋고
꼼꼼한 사람은 꼼꼼해 좋구나
다 갖춘 사람은 더욱 좋지만
신은 만족하게 다 주지 않는 법

건강을 주면 부(富)을 주지 않고
부을 주면 건강을 주지 않는 것
구멍이 있다면 채울 수 없듯
우리 꾸준히 노력하여 채워보세

하얀 꽃의 박은
흰빛으로 속을 채우고
노란 꽃의 호박은
노란빛으로 속을 채우듯이
알차게 속 채움에 무슨 빛깔이면 어떠리

빈 그릇보단 다 같이 많이 채워
열심히 가다듬고 수양하여
더불어 알찬 세상 만들어 보세나.

인 격

똑똑한 사람은
인격으로 내 표정을 숨기면서
동시에 남의 속까지 캐내고

자기의 어렵고 곤란한 상황은
인격이란 간판으로 감추고 있다

천진난만한 애기는 감춤이란 없다
칼로 위협을 해도
방글방글 웃기만 한다
칼끝에 상처를 받아 아플 때
그때야 울지 않는가

인격인 들이여
훨훨 벗어버리자
이중인격으로 돌아가자
본래의 모습으로
그리고 배워라
감춤이 없는 애기들의 순수함을.

운명의 변화

나를 뛰어넘어라
실천, 실천하지만
그만큼 고통을 넘어야 한다

실천은 습관부터 바꿔야 하고
무의식중 습관은 위험한 발상
습관의 변화는 긍정으로 되는 것

내가 먼저 변화되지 않으면
세상의 너 중심은 어디도 없다
운명은 만들면 되는 것

변화의 운명을 굴려라
세상의 중심은
오직 나로부터 시작된다는 것을.

오 늘

조용한 시간
지나간 순간들을 회상해본다
어려운 과거들만 생각이 난다

인생은 어려운 순간만 있는 걸까
지나간 과거는 잊어버리고
앞으로의 미래를 생각해보자
인생은 역경만 있는 것이 아닌 것

과거는 과거로
지나가 되돌릴 수 없는 것
다가올 환희의 미래를 생각하며
새로운 오늘을 맞자

인생이란
자신이 개척하며 만드는 것
현재가 즐거우면 꿈이 현실로

보람찬 오늘만을 생각하며
즐겁게 살아가 보자
반드시 기쁜 내일이 찾아오려니.

오 랜 친 구

-부부동반 모임-

두꺼운 달력도 마지막 한 장
친구야! 사랑하는 내 친구야
퍽 재미있는 시간이네

세월이 흘러 또 한해 저물어
세월의 흐름만큼 나이도 채워져
우리 우정 또한 알알이 채워지네

나이도, 성도, 고향도 다르지만
객지 벗 십 년이면 고향 친구 아니더냐
만남의 깊이는 더더욱 깊은걸

미운 정, 고운 정, 모든 정
한때는 매일같이 동고동락하였고
당신이 곁에 있어 행복한 순간들

너와 나는 영원한 친구
묵은 김치가 깊은 맛이 있듯
항상 곁에 있어주니 우린 행복하구나
영원한 나의 친구, 친구야.

문학소녀에게

시를 좋아하는
센치한 어린 소녀의 아름다운 꿈
파아란 욕망의 부푼 가슴
한창 성숙해서
뺨을 붉히는 석류송이처럼
눈물 나도록 깨물고 싶어라

그 어린 시절의 욕망은 어디로 가고
지금은, 지금은
후회도 원망도 없이
오늘의 현실을 만족하고
행복하게 내일을 기다리며

하늘을 우러러 한 줌의 부끄럼 없이
보람 있게 남을 도우며
용서하는 마음으로
믿으며 살아가는
나의 행복은 내일로 밀어두면서

어쩜, 이보다 멋있는 인생
또 어디 있을까.

기 다 림

자신의 삶에 속는 것을 알면서도
속아줘야 하는 사람들
절망과 희망이 교차하는 지점에서
참을 수 없는 현실을 견딜 수 없어
발버둥치는 사람들

어차피 인생이란
창살 없는 새장 속에서 파들거리듯
작은 새와 같은 삶이 아니겠는가

그래도 활~ 짝 펴질
내일만을 기다리며 살아가는
내일은 내일은

그 내일이
영원한 미래의 내일 일지라도
그것에 미련을 버리지 않고 살아가는

어쩜
오늘의 아픔까지 치유해주는
기다림 그 자체가 오늘의 행복이 아닐까.

기원(祈願)

인생이란 갈림길을 만나면 걱정을 해
자신이 지은 업(業) 안에서
일어나는 번뇌이니까
슬픈 마음으론 기원의 길은 찾지 못하지
걱정만 하지 말고 기원을 해봐

사람들은 무엇을 기원하는 것일까
기원한다는 것은
빌어서 이룬다는 것이 아니라
그 태도이며 행위가 아닐까

간곡하게 빌다 보면
걱정과 절망은 사라지고
성취가 된 것같이 느껴지는 것
걱정은 허우적대는 것이지만
기원은 바램이지

삶에서 일어나는 감정들은
느끼고 그대로 즐겨보면
나 스스로 편안한 마음으로
미소 짓고 만족할 수 있는
사람으로 변모해 있을 테니까.

누렁소

소야, 소야, 누렁소야
너는 무슨 운명을
등에 지고 태어났기에
평생 동안 일만 하느냐

너의 껌벅껌벅 거리는
큰 눈은 순진하기만 하고
무엇을 먹었기에 너의 입은
하루 종일 씹기만 하느냐

죽어서는
너의 근육은 고깃덩어리가 되고
뼈는 사골이 되어 끓여지고
내장은 곱창이 되어 굽혀지고
껍질은 가죽이 되어
멋있는 옷이 되고 신발이 되네

죽어서도 버릴 것이 하나도 없고
살아서는 평생 일꾼이 되어
인간을 위해 살아온
인간만을 위해 태어난 것 같은
너의 고마움에 고개를 숙인단다.

승자와 패자

승자와 패자의 뒤안길에서
제대로 숨도 쉬지 못하며
앞만 보고 살아온 사람들이여

이젠 단단하게 스스로 묶고 있던
삶의 벨트를 느슨하게 풀고
조금은 어설프게 살아봐

어설프게 살아도
살아가자는 것이고
세월은 똑같이 흘러간다

마음을 느슨하게 고쳐
여유로 베풀면서 살아가다 보면
즐거움이 가득한 그곳

느슨해서 더 행복해진 이야기
잘 쉬고 즐겁게 즐기면서
잘사는 법을 배워보자 우리 다 같이.

외 로 움

나는 혼자다
두려움과 불안을 직시하고
홀로 지내는 법을 배워보자
고독에 몸부림치다 쓸어버릴지언정
나는 고독을 배척하고 싶지는 않다

고독을 나 혼자만이
즐겁게 향취 할 수도 있으니까
말없이 홀로 핀 꽃이 아름답듯이

아름다운 것은 외롭지 않은 것이 있는가
고독한 시간이 가장 강한 시간이고
혼자 있으면 그리워지고

그리움이란 그대를 높이는 것이니
그대의 외로움을 고이 간직하여
그것을 이기는 자에겐 거룩함이 있도다.

이어짐의 연속

인생이란
기다림과 이어짐의 연속일 거라고
세상에서
영원한 것은 아무것도 없다

여름의 끝이 가을 그리고 겨울
또 봄이 오고
삶과 죽음도 계속 이어지는 것

우리의 삶도 죽음의 연속 속에서
바쁘게 살면 죽음도 빨리 오고
기진맥진해서 빨리 죽을 수밖에

살아가면서 마음이 한가해야
삶과 죽음에 대한 견해가
제대로 적립될 것 아니냐

어차피 인생이란
삶과 죽음의 연장선 속에서
좀 더 한가함과 여유 있는 생각으로
오늘을 지내고, 또 내일을 맞자꾸나.

욕 망

나의 욕망은 욕심꾸러기
마음의 지침서 같은 감명을 주고
잠자는 사람을 깨울 수 있는
감동과 감성을 주는 시를 담고 싶다

나는 참 욕심꾸러기
무생물에서 생명의 감수성을
넣을 수 있는 생물을 만들고 싶다

치유할 수 없는 무기력 상태에서
생활의 구질 구례한 혼란들 속에
숨어 있는 어둠을 벗어나
희망의 몸짓에서 알찬 사람으로

지금껏 잊었던 자아를 발견하고
거듭나게 하는 마음으로
무기력한 상처를 치유하고

활기찬 생명력으로
자신이 좋아하고 잘할 수 있는
용기를 가지는 그런 시를 담고 싶은
욕망이 욕심꾸러기로 가득 채운다.

없음의 의미

울어라
울고 싶으면 하염없이 울어라
아무도 없는 곳에서 소리 내어 울어라
자연을 벗 삼아 펑펑 눈물을 흘리며
마음껏 소리 내어 울어라
우는 만큼 성숙할 것이니까

울고 싶은 만큼 한없이 울고 나면
성숙된 밝은 내일이 찾아올 거야
세월의 무상함이 인생임을 깨닫는 순간
우리는 하염없이 울거나
정처 없이 걷거나
조용히 생각하게 된다

운명 앞에 나약한 인간
그 이상도 그 이하도 아닌 것
두 개의 철길이 나란히 놓여 있으나
저 멀리 바라보면 두 선이 붙어 있는 것 같다

의미를 담지 않은 선은 없듯이
아무리 따라 가봐야 두 선은 붙어 있지 않다

우리는 알고 있는 만큼 볼 수 있듯이
아는 만큼 받아들이는 자세가 필요하고

없음이 지닌 아름다움 의미를
어떻게 알아차릴 수 있을까
있음 보다 없음의 자체도
진실의 아름다움에
감동하는 영혼이 되리라.

정 상

겨울이 지나면 분명히 봄은 오는 법
자만하지 말고 미래만 보면서
오르고 또 오르면
못 오르리 없다지 않더냐

고생 끝에 낙이 오듯이
정상이 보이고 도달할 것이다
그 이후, 그대는 필히 기억하여라
교만하면 또다시 시련이 오는 법

알찬 곡식이 고개를 숙이듯이
만인이 좋아하고
겸손하고 편안한
부드러운 그런 자세로

정상에 있다는 것은
곧 떨어질 수도 있다는 것의
의미가 아니더냐

낮추어라 자세를
더 이상 떨어 질레야
떨어질 수 없는 물 같이 낮은 자세로.

그 리 움

오래전 떠나보낸 친구가 생각난다
인생은
그리움의 연속이라 하였든가

산역(山役) 날,
너를 잃은 슬픔과 아쉬움에
뗏장 꼭꼭 밟아보고 아직도 찾지 못한

친구야
미안하구나. 고개 숙여진다
아쉬움 남기고서 떠나버린 친구야

친구야
산소 앞에 다시 한 번 간다면
너를 위해 무슨 말 해야만 하는 건가

친구야
아름다운 추억을 간직한 채
어느 날 어디에서 어떠한 장소이든
우리는 옛날처럼 그대로 변함없이
좋았던 기억으로
꼭~옥 다시 만나리.

고 민

고민은 두려워할 존재가 아니고
죽을 때까지 함께 가야 할 친구이다

괴로워하고 무서워할 게 아니라
달래고 얼러야만
해결할 지혜가 생긴다

사람들이 우울을 호소하는 것은
뒤집어 말하면
이사회가 여유시간과 풍요를 누리는
반증이기에 기뻐해야 한다

고로, 우울하다는 것은
여유와 풍요를 누린다고 볼 수 있다
고민하는 젊은이들이여
네 멋에 취해
네 멋대로 고민하여 보아라.

그래, 떠나자

그래, 그래, 떠나야만 한다
아무것도 없는 공간 속으로
준비하자꾸나
서서히 떠날 채비를

말없이 왔다가는 인생
최고의 보람된 인생이라고
평생을 되새겨온
나의 인생철학을 생각하면서
명예, 이름, 아무것도 남기지 말고

한 가정의 충실하고 평범한
"가장" 으로서의 이름만 남기고
떠나는 것이 최고의 멋있는
삶이라고 되새겨 보면서

조용히 가자꾸나
우리 다 함께 떠나자꾸나
고요한 침묵 속에
이 밤도 서투른 인생의
철학자가 되어본다.

고요한 공간

나 혼자만의 고요한 공간 속에서
스며드는 고독에 대한 갈망으로
시를 쓰는 충동을 느끼는 것 같다

내 마음의 부족함과
원래 투박스러운 성격을 시로
표현이 서투른 마음 자위하면서

시로 메꾸어 보려는
마음에서 써 보겠노라
약간은 조심스럽지만
문학과 시(詩), 그게 뭐 별건가

마음에 달린 것 아니냐
마음먹은 대로 채워 갈 수 있는
삶의 지혜를 갖추길 생각하며
시는 우리와 영원히 속삭일 것이다

계획을 세운 것만으로도
다 이룬 것 같은 뿌듯함을 느끼며
늦깎이지만 오늘도 한장 한장
문학의 벽돌을 쌓아가 본다.

건 강

건강은 자신이 스스로 지켜야 한다
건강의 약점을 핑계로
상대를 피곤하게 하고
동정을 받으려고 한다면
그것을 받아줄 사람은 아무도 없다

왜냐면
자신도 살기 바쁜 세상 피곤하니까
젊은 사람은 더더욱 그러하다

늙은 사람이야
모든 것이 제 기능을 다했으니
어쩔 수 없겠지만

건강이란 남이 대신하는 것도
빼앗아 갈 수도 없는 일
아픔도 대신할 수 없는 것

마음속 고통은 같이 할 수 있지만
주고 싶어도 줄 수 없는
건강을 잃으면
모두를 다 잃는 것이니까.

3부.

시의 매력

슬프지만 슬픔이 넘쳐
기쁨으로 변하고
기쁨이 넘쳐 웃음으로 변하는
실감이 나게 하는 감동적인 시간들
울렸다 웃겼다
마음대로 조정하는 시속의 매력
참 재미있고 감동적이다

-시의 매력1 중에서-

시의 매력 · 1

눈물이 변해 감동되는 순간
슬픔, 행복, 사랑, 이별
한순간도 놓칠 수 없는 시의 매력

초록빛 향기에 흠뻑 젖어든 추억
가슴이 시리도록 예쁘고
행복한 감동적인 순간
어느새 눈물이 뺨을 타고 흐르고
오랜만에 마음껏 울어봤다

슬프지만 슬픔이 넘쳐
기쁨으로 변하고
기쁨이 넘쳐 웃음으로 변하는
실감이 나게 하는 감동적인 시간들
울렸다 웃겼다
마음대로 조정하는 시속의 매력
참 재미있고 감동적이다

아~말로 표현할 수 없는 무언의 순간들
울다가 웃다가
가슴 후련함을 느끼는
의미 있는 삶의 연속들이다.

시의 매력 · 2

생각지도 못한 슬픔과
생각했었던 웃음이 공존하는 시
아련히 아프면서도 따뜻한 시

처음엔 슬프게 하더니
점점 웃게 하는 희망이 가득한 시
슬프고 감동적인 시
그래도 재미가 있네요

문학 속 따뜻하고
솔직함이 날 울리고
부담 없이 읽고 몰입하다 보면
가슴 찡한 아름다운 감동
한없이 울고 한없이 웃는
속삭임의 감동적인 시

인간을 웃기고 울리는
신비의 힘을 가진 시의 매력
시속으로 들어온 그대와 나

그대여
끝내주게 행복하다,
"그지"
정말
버릴 건 하나도 없네.

시(詩)의 잉태

시를 잉태한 자리
샘물처럼 한곳에서 나올 것 같지만
언제나 그리움은 문득 찾아오듯이
시는 아무 곳에서나 잉태할 수 있다

시는 결코 먼 곳에 있는 것이 아니라
가까운 우리들 주변에 있고
네 잎 클로버를 찾으면 많이 있듯이
눈을 크게 뜨고 시를 찾아보아라

거침없이 솔직한 표현으로
본 대로 느낀 대로 담으면 시가 되는 것
시는 답을 주지 않고 독자에게 떠민다

사람마다 감성이 틀리기에
그 답 또한 같을 수 없다
나는 나, 너는 너
우린 모두가 다르듯
자연과도 대화하다 보면
인간과 자연은 지배 관계가 아니라
그저 공존할 뿐
분명히 속삭임을 들을 것이니.

밝은 내일

젊음이여
모든 것 다 체험해보라
아파도 보고 후회와 낙심도 해보라

안 아프니까 젊음이고
덜 아프니까 중년이고
많이 아프니까 늙음이야

성취와 실패의 연속
환희와 절망 속에서
기쁨과 슬픔이 수시로 교차하는 삶

한걸음 앞서 조금만 멀리 보고
한계를 뛰어넘어보면
희망찬 미래가 보이잖니

인생이란
포기하지만 않는다면
밝은 내일이
바로 옆에 있는 거야.

시의 만남

아! 옛날이여
우리들의 만남의 장소
과거는 주점, 지금은 서점
그것은 바로 시의 세상이어라

아! 오늘이여
더 큰 세상을 꿈꾸며
거장(巨匠)의 내면을 들여다볼 수 있는
시구(詩句)를 주워 모아보자

아! 내일이여
미래를 꿈꾸는 자들은 다 오너라
시의 세계로 마음의 침묵으로
그것을 지키기 위해 내일이 있노라

아! 나 떴어
침묵 속에 차분하고 조용히
아직 그것은 나도 아무도 몰라
시간이 흐르면 알게 돼

아! 얄미운 사람들아
덧없이 흘러가는 세월 속에
이 짜릿짜릿하고 매콤한
시어(詩語)들을 어찌하면 좋으랴

아! 사랑스러운 사람아
아무것도 아닌 사람들의 시속 이야기
웃고 있어도 눈물 나게 해
이 눈물을 어찌하면 좋으리.

놓 음

내일이 불안하고
알 수 없는 분노가 끓어 오를 때
잠시 쉬어가는 마음으로
내 마음을 인정하고 놓아버리자

마음을 비워버리면
쉬운 길로 들어갈 수 있을 것이고
복잡하게 얽힌 마음이
부드러워지고 가벼워질 것이다

빈손으로 태어날 때
그 순간으로 돌아가
자아를 재발견하게 되면
내 마음 다스리기가 쉬울 것이다

원점으로 다시 돌아가면
나를 똑바로 잡아 줄 것이고
비워지면
이내 곧 다른 것으로 채워질 것이니까.

내 마음

해답은 내 마음속에 있다
자기 자신을 인정하고
모든 문제와 해답은
나에게 있다는 것을 깨닫고

겸허함과 지치지 않는
긍정의 힘과 포용력을 얻게 되길
아등바등 살다 보면
스스로 삶을 비추어볼 여유가 없다

우리네 인생사
다 거기서 거기 아니더냐
희망을 잃지 않고 살아가며
나 아닌 남을 생각하며
눈물을 흘릴 수 있는 인생

남을 배려하는 마음을
불러일으킬 수 있는 행동으로
문학을 즐기며 시를 낭독하고
마음의 여유를 찾아 내면을 다스리며
지혜와 통찰로 서서히 일어서 보자.

나의 각오

나는 웃고 있다
목적도 없이 살아가면서
나는 정말 누구일까
아는 것이라곤 아무것도 없는

친구야 넌 참 아는 것이 많구나
꾸준한 너의 개발과 노력에
나는 너에게 찬사를 보낸단다
탈출하고픈 내가 너이고 싶구나

친구야 꾸짖어 달라
너가 진정 진정한 나의 친구라면
나의 방황하는 모습에 탈피하여
늦깎이이지만 심금을 울리는
그런 시를 쓸 수 있도록

태양은 다시 떠오르는 법
정복 못 할 미래는 없을 것이고
인생에 중요한 것은
항시 마지막에 남는다고 했든가
지침서 같은 감동을 주는
그런 시를 쓰고픈 심정이어라.

종 달 새

노력 없이는
아무것도 얻을 수 없다
쉽게 얻는 것이 있다면
그것은 일시적인
행운이 아닌지 돌아보라

종달새가 깃털을 뽑아주어
손쉽게 지렁이를 얻어먹고
얼마 뒤 깃털 없는 알몸 되어
날지 못하는 이솝 이야기처럼

노력 없이 얻는 것이 있다면
그 뒤에는 화가 따르니
오히려 경계해야 한다

성공에는 지름길이 없다
끊임없이 노력하는
꾸준한 자에게 성취되는 것.

자신과의 대화

인생의 행로를 가다 보면
즐겁고 기쁠 때도 있고
슬프고 눈물 날 때도 있다

때로는 살아도 살아도
끝이 보지 않을 때도 있어
포기하고 싶을 때가 있다

저 멀리 도망가고 싶을 때
그럴 땐 굳세게 다시 일어나
훌쩍, 자연 속으로 들어가 보라

나 혼자 생각하며 마음을 다스리고
내 인생에 가장 많은 대화를
나 자신과 나누어 보라

책에서 얻지 못한 배움과 답을
자연과 내 속에서 스스로 얻어 보고
자신의 범위를 넓혀 다시 태어나 보라.

마음의 각오

사람의 모든 것은
마음에 행복과 불행도
고민과 번뇌도 함께하는 것

사물을 기쁘게 보면 기쁘고
나쁘게 보면 나쁘고
모든 것은 마음속에 있는 것

내가 부자라면 부자이고
가난하다면 가난뱅이이듯
마음속 부자면 마음의 부자다

천 리 길을 가는 사람과
이웃집을 놀러 가는 사람은
신발 끈부터 달리 매는 것

꿈은 이뤄진다 생각하면
이루어지기 마련
부정적인 마음을 버리고
긍정적으로 살아 가보자.

자신감

자신이 있는 것을 찾아봐
남보다 서툴면 열심히 하면 되고
처음부터 잘하는 사람은 없잖아
자기가 자신 있는 것을 찾는다면
모든 것이 재미있고 즐겁잖아

재미있고 즐거운 것은
스스로 일을 찾아 하게 되고
능률이 스스로 높게 오르게 되지
능률의 발전은 성공을 의미하고

세상사 미래는 아무도 모르지만
지신이 있는 곳에 우뚝 서 있는
당신의 밝은 내일은 태양 같잖아
우리 모두 자신 있는 것을 찾아봐

내 삶은 어디로 흘러가는가
오늘 하루도 지나면 역사가 되니
세상에 나와 같은 것은 하나도 없고
긍정적인 자신감이 인생을 바꾸니
지혜로 미래를 보장받지 않으련.

슬픔과 행복

눈물과 고독, 슬픔과 행복
반복되는 인생 속에서
눈물은 기쁨 같은 것 아닐까

오르막 있으면 내리막도 있듯이
오르막과 내리막은
돌아보면 같은 숫자라 했다
슬프다고 괴로워 말고
기쁘다고 좋아하지 말라

슬픔과 기쁨은 같은 것
연속의 교차지점에서
그 누구도 막을 수 없는 세월 속에
모든 것은 순간에 지나버린다

지나가 버린 것은 추억으로
인생에 경험되고 약이 되어
다시 찾아오는 슬픔에
대처할 수 있는 면역이 되느니라.

마음의 결정

모든 것은 내 마음에 있고
질투 시기하는 사람은
미운 마음만 가득할 것이고
괴로운 인생을 살아가는 사람은
괴로운 마음만 가득할 것이고

남을 사랑할 줄 아는 사람은
사랑만이 가득할 것이고
행복해지고 싶은 사람은
웃음으로 기쁨이 가득할 것이다

어느 곳에 채우느냐에 따라
마음의 방향은 달라질 것이고
엉켜 있는 인생을 쉽게 푸는 방법도
어느 곳으로 가는가도
내 마음속의 결정에 있다

사랑과 행복으로 살아가려면
기쁨이 가득한 마음으로 살면 되고
행복의 결정은 당신 마음속에 있는 것

당신이 원하는 기쁜 것들을
쉽게 얻는 방법을 잊고 있었을 뿐
쉬운 행복의 지혜를 잊고 살았다는 걸
그대들은 왜 지금껏 몰랐던고.

우주의 섭리

우주의 섭리도 모르고
한 치 앞을 못 보는 사람에게
어찌 미래가 보일 것이냐

둥근 지구 위에 살면서도
둥글다는 것을 모르고
지구가 돌고 있는데도
그 회전 자체를 모르는 것처럼

태양과 가까운 적도는 찜통이고
조금 먼 남북극은 항상 빙하다

만약, 만약에 말이다
지구가 태양에서 한 치라도
이탈되거나 다가간다면
빙하 덩어리나 불바다가 되어
생명체는 영원히 없어질 것이다

인간들이여
수천 년간을 똑같이 움직여준
우주의 철칙에
이 어찌 고맙고 겸손한 마음으로
고개 숙여 감탄치 않으리.

운 명

그까짓 것
저 녀석이 하는데 나는 왜
모든 일은 자신이 결정하는 것

나는 나로 인해 성공한다는 마음으로
나의 가능성에 머물러 기쁨을 만들고
자기 개발을 해야만 밝은 미래가 오며

희망과 기쁨의 물샐틈없는 계획 속에
끊임없이 노력하면 안 되는 일 없고
하고픈 일보다 꼭 해야 할 일 먼저 하자

실패하면 원인을 찾아 다시 도전하여
같은 목표를 가진 사람과 자주 만나고
성공은 자신감에 있으며 마음속에 있다

꿈은 가진 사람만이 이룰 수 있고
꿈이 없는 사람은 이룰 수 없고
행복한 사람만이 행복을 전달할 수 있다

두 주먹 불끈 쥐고 욕망에 떨어보자
신경이 전유할 때 삶의 진실이 들리고
무한한 상상과 섬뜩한 생각으로
닭살 돋는 서늘한 충격을 가져보자.

나만의 시간

시끌벅적한 생활 속에 몸부림치며
매일매일 연속되는
쉴 새 없이 바쁜 현대인들
서로의 양보 없는 각박한
인간들의 사회생활

외로움과 시끄러움의 교차점에서
일부러 조용한 나만의 시간을 만들어
자신과의 대화에 몰두하면서
우울한 감정을 나누며 마주하여본다

조용한 시간을 즐기며
좀 더 깊은 곳의 나를 찾아
취향에 맞지 않은 사람과 함께하는
시간은 고역이다

나만의 느낌과 생각을 방해받지 않고
즐기는 조용한 시간을 많이 찾아야겠다
일부러 쓸쓸해지려는 사람들
가벼운 고독은 감성의 원천이라 했다

나 혼자만의 시간
시끌벅적한 분위기를 떨쳐내고
나만의 조용한 시간 속에서
우울함을 세련되게 즐기려는 사람들
너와 이야기하다 보면
무거운 짐도 가벼워지고

자신이 없다가도 끝내는 용기가 생기고
울고 싶을 때 날 때려 주는 고마운 고독
조용하게 나와만 이야기해주고
울려주고 웃겨주는
넌 정말 진정한 나의 친구인가 봐.

나 홀로

지금 집에는 나 홀로
아무도 없고 조용하니
산속의 절이 된다

나 홀로
과거의 일들을 생각하게 되고
반성도 하게 되니
삶이 돈독해 질 수밖에

혼자 있는 시간도 수행이라 했든가
그동안 생각지 못한
많은 것들을 생각할 수 있는
여유가 있으니까

세상을 살아가는 중심은 바로나
주위를 바꾸려고 하지 말고
내가 나를 바꿔보면
세상 모든 것이 바뀌지고
나를 중심으로 변해나가는 것

지금 산속의 절로 바꾸는 마음같이
행복이란 마음속에 있는 것
생각에 대한 의식이 중요 하다고
새삼 느껴보는 순간들이다.

꺼져가는 아름다움

늘 화려하고 활기차게
피어나는 봄의 꽃보다
저물어 가는 노을
시들어가는 가을꽃이 더 아름답다

가을은 냉혹하고 스산하다
꺼져가는 생명의 아픔을
불태우며 스스로 견디는
울긋불긋한 단풍잎

시들어 버린 꽃잎들
바싹 말라붙은 잎사귀
죽어가는 야생화

푸른 잎을 받쳐주던 그 모습
앙상하게 드러낸 나뭇가지
홀로 흰 눈밭에 서 있는 노송

저 먼 곳에서 외롭고
쓸쓸히 꺼져가는 것들도
그 얼마나 아름답고 눈부신가.

대자연의 힘

대자연의 힘
지구촌이 용트림 치고 있다
엄청난 고통과 시련
소름 끼치는 자연의 재앙
등골이 오싹한 죽음의 악마

왜 이런 일이 일어나는 걸까
고도로 발달한 기계문명 속에
극도로 탁해지는 대기 오염
서로가 싸우는 종교와 전쟁
진정한 인간의 생존 길

대자연을 뒤흔들어
화를 자초한 건 아닐까
지구의 종말이 가까운 것일까
더 이상 확대 말라는 경고일까
최후의 심판이 다가온 걸까

삶이 두려워 사회가 생겼고
지옥과 죽음이 무서워
종교가 생겼다는데

대자연 앞에 신이란 존재 하는가
자비와 용서가 신인데 그러한가

그럼 신이란 무엇인가
대재앙으로 경고하는 것인가
이 모든 베일 속에서
인간은 가슴에 손 얹고
깊이 반성해야 하지 않을까.

도 전

도전과 창조의 미래를 준비하라
미래는 기다리는 것이 아니라
열정으로 창조하는 것이고
현재의 환경은 주어지는 것이 아니라
내가 지배하고 만드는 것이다

무한한 꿈을 현실로 만들고
미래의 생활을 바꾸기 위해
남다른 문제의식을 갖고
고민하고 실천하고 최선을 다해
자신을 이겨내야만
진정한 승자가 될 수 있다

자기 자신의 꿈을 위해 노력하고
미래를 준비하는 사람만이
모든 걸 성취하리라고 믿는다

성공하고 싶은 사람은
주위 사람을 내 편으로 만들고
그렇게 하기 위해서는
상대를 감동하게 할 줄 알아야 한다

만인을 사랑하고 포옹할 줄 알고
감동하게 할 줄 아는 당신은
이제 햇살과 자연은 당신을 위해 푸르고
모든 것이 당신 것이고

당신 역시 자연인이 되어
눈부신 삶을 꿈꾸면
행복은 당신 곁으로 찾아갈 것입니다.

글

조용한 시간
자신의 습관을 차분히 수정하면서
유머감각과 정서 성이 묻어나는
글로써 상대에게 표현해보자

사람이란 진실 된 글귀에
더 매료되기 때문에
상대가 버리지 않는 한
영원히 그들 곁에 있기 마련이고

말이란 한번 듣고 없어지지만
문장은 몇 마디만 바꿔도
느끼는 감정이 달라지고

그 글을 경탄하게 되고
다시 한 번 들여다보게 되어
영원한 뇌리에 기억하게 되리라

인상적인 문구를 쓸 수 있는 비결은
시를 쓰는 기분으로 글을 보내면
읽는 이로 눈과 마음을 즐겁게 하고
영원히 그들 곁에서
항시 머뭇거릴 것이리라.

천복과 천벌

인간의 잡식성은 천복이요 천벌이다.
풀잎만 있으면 걱정이 없는
토끼는 골라 먹을 필요가 없기 때문에
관찰, 판단할 필요가 없다

생각이 없는 작은 뇌를 갖게 된 것은
당연한 이치이다

인간은 육식, 채식을 먹는 잡식성이고
많은 것을 먹을 수 있기에
독소가 있는 위험한 것은 피한다

골라 먹는 과정에서
맛있는 요리를 연구하여 만들고
몸에 좋은 것만 먹는 고민에 빠져

관찰 판단능력을 진화할 수 있었기에
인간은 만물의 영장이 되었고
너무 좋은 것만 골라 먹는 탓에

살만 쪄 운동부족으로
어린이들도 성인병만 늘어나고
이 또한 천벌이 아니고 무엇이겠느냐.

4부. 행복이란

남남북녀라고 했든가
남쪽의 총각님과 북쪽의 처녀님이
서로 만나는 이곳 두물머리
사랑이 싹 트이고 하나로 합쳐져
흘러가 부부가 된다는 이곳

-두물머리 중에서-

두물머리

남쪽의 정기를 담은 남한강
북쪽의 정기를 담은 북한강
서로 만나는 이곳 두물머리
두 몸이 한 몸 된다는 이곳
이별 없는 연인들의 만남의 장소

남남북녀라고 했든가
남쪽의 총각님과 북쪽의 처녀님이
서로 만나는 이곳 두물머리
사랑이 싹 트이고 하나로 합쳐져
흘러가 부부가 된다는 이곳

두 쪽의 강물이 서로 만나
한 몸 되어 손을 맞잡고
한곳으로 흘러 흘러 한강이 되어
소중한 인연으로 서울구경 같이하고
넓은 바다 그리운가 유유히 흘러가네

우리도 자연의 강물같이
두물머리처럼 너와 나가 만났으니
한마음 한뜻으로 정을 나누며
행복하고 즐겁게 평생을 같이하여
오손도손 정답게 살아 보세나.

내속의 다른 너

수많은 벌레들아 날쌔다고 자랑 마라
멀다고 방심하랴 두꺼비의 혓바닥
허리 채 감아 삼키고 두 눈만 껌벅껌벅

딱딱한 근육질도 입속에선 무형물
이리쳐 저리쳐 한 구멍에 넘어간다
한 치의 동굴 속에서 독을 품고 숨어 있네

바닷속 미역처럼 제멋대로 출렁이고
혓바닥 날름날름 인생을 좌우하네
아무도 길들일 수 없는 입속의 치외(治外)법권

입 닫고 근신코자 이빨로 깨물어도
설익은 풍자(諷刺)들을 아무렇게 토해내고
내 속의 내 것이 아닌 인생을 망쳐놓네.

노 을

생이 저물기 시작하는 노년기에
사회에서는 은퇴 당하고
모든 것은 허무와 고독뿐이다

계단에도 숨 가쁜 노쇠한 체력
뭔가를 해보기는 망설여지는
주위의 젊음이 비웃는다

살아온 날보다 살아갈 날이 적지만
마음속에 희망을 잃지 말자
과거의 세련된 많은 경험과
노련미가 있지 않으냐

젊은 날에 느끼지 못한
지나친 탐욕과 근심은 버릴 수 있고
껍질을 벗은 참 의미의 작은 만족
작지만 큰 힘을 쓸 수 있는
알맹이만 남은 진실의 행복

경험과 노련미의 덩어리
황혼기를 맞은 우리들의 자랑이어라

마음 늙고 병들은 젊음에게
평온한 안식처에 마음으로 보듬고

황혼의 노을이 더 붉게 물들고
마음은 젊음으로
멋있고 아름답게 물들여 보자.

침 묵

침묵
침묵은 자기 내면을 들여 보는 시간이지
처음 침묵하면 흩어진 마음이 밖으로 나돌겠지
모든 원망이 바깥에 있다고 생각하게 되지

마음도 가는 길이 있고
가다가 끝이 되면 되돌아오겠지
눈감고 오랫동안 침묵하면
내면으로 들어와 스스로 자신에게 묻게 되지

모든 잘못은 나에게 있고
삶이란 무엇인가
내가 왜 사는가
또 죽음은 무엇인가

왜 죽어야만 하는가
인간이면 누구나 그런 고민 속에
과거에 살아온 길을 볼 수 있고
앞으로 살아갈 길을 스스로 만들 수 있지

후회 없는 삶이 무엇인지
어떻게 살아야 하는지
스스로의 답이 나오면
그렇게 살아가면 되는 것이지

삶이란
그 답을 얻기 위해
스스로 침묵의 시간이 필요하지
많으면 많을수록
많으면 많을수록.

차라리 외쳐봐

지진과 쓰나미가 오던 날
차라리 소리를 지르세요
구원의 메아리 되어 돌아오도록
추한 본질은 추하게 들러내고
참는 것이 좋은 것만 아니잖아

조용히 침착하게 있다고
빠른 대책을 하는 것도 아니고
오직 "살고 싶다" 가 생명을 살렸는데
정녕 며칠이 지나도록
구호품은 도착지 않았고

일본인은 "인내하는 민족" 이란
자기 최면술에 빠진 듯
도망갈 수 없는 열도 속에 숙달되어
스스로 고통을 키우면서
인내하고 있는 것은 아닐까.

짱

세상에는 얼짱 몸짱 춤짱 폼짱
온갖 짱들이 날뛰는데
우리의 최고의 짱은
두둑한 배짱이 아닐까

우리의 현실에서
인간의 정체를 확인하고
위로받는 방법이
얼마나 우스꽝스럽게
왜곡되어 있는지를
확인하고 싶은 대목이다

모든 짱 다 버리고
확실한 목표 속에
비상한 각오로 도전하여
두둑한 배짱으로
포기하지 않는 다면
꿈은 반드시 이루어지리라.

짐 짝

반듯한 짐짝처럼 층층이 쌓여져
살아가는 우리들의 아파트
오늘 아침, 고층 아파트에서
엘리베이터는 타지도 못하고
짐처럼 꽁꽁 묶이어져 내려지는 관

아
인생이 서글퍼진다
허무한 인생이여
무상한 삶이여
당신도 젊을 때는

환희의 박수와 타의 모범도
남의 부러움도 받았을 날이 있었겠지
어제까지만도 엄마로서, 아빠로서
이웃아저씨로, 아줌마로 군림했으리라

오늘은 한낱 짐짝 되어 꽁꽁 묶어져
이렇게 해서 저렇게 가는구나
이내 곧 이름 없는 재가 되어
한 줌의 흙으로 돌아가겠지.

변 신

당신은 생각해 보았는가
진정한 삶은 무엇이며
또 죽음은 무엇인가

지금까지 어떻게 살아왔는가
왜 이렇게 살아왔는지
앞으로 어떻게 살아갈 것인가

심각하게 번뇌하면서
고민해 본 적이 있는가
난 아직 몰라 아무것도 몰라

인생은 그냥 주어진 것은 없는데
고민하고 번뇌하면서
후회 없는 삶을 결정해보자

신중하게 번뇌했으면
변신한 대로 살아가 보자
후회 없이 그렇게 살아가 보고
또 그렇게 살아가면 되는 것을.

모자람의 행복

인생이여
완벽하려고 노력하지 말라
똑똑한 아내보단
어리석은 아내가 편안하듯이

속을 비워라 그러면 강해지고
속 비운 대나무는 단단하고
강한 쇠는 부러지는 법

칼로 물을 베지는 못하지만
달구는 쇠는 물에 넣으면 강해지고
넘치는 것보다 모자라는 것이 낫듯이
넘치는 것은 흘러 버리지만
모자라는 것은 채우면 되고

틈새가 없는 것보다 있는 것이 낫구나
틈새가 없는 도로는 물이 흘러 버리지만
맨땅에는 물이 스며들 수 있고
물이 스며들 틈새가 있으면
만물이 소생하고 생동감이 흐르네

삶이여
틈새를 열어놓고
자연의 순리에 맞추어 정을 나누며
서로 돕고 함께하며 살자꾸나
지는 것이 먼 훗날엔 이기는 것처럼.

마음의 여유

어느 누가 그랬든가
기차를 타고 여행하면
아름답고 즐거운 것이라고
앞은 보이지 않고 옆만 보이기 때문이란다

앞만 보고 가게 되면
조급한 마음이 먼저 행복의 발목을 잡고
옆을 보면 평화로운 풍경만 보이게 되고
마음의 여유로 아름다워지기 때문이지

앞만 보지 말고 기준점을 낮추어
옆도 보고 다 같이 살아가는 여유로움이
삶의 아름다움이 아닐까

행복은 스스로 만족함에 있고
바로 내 옆에 있는 거야
어차피 인생은 시간으로 이뤄져 있고

출발한 기차는 목적지에 도착하는 것처럼
마음을 여유롭게 살아가는 인생도
목적지에 도착할 것이니까.

불상 앞에서

자비로운 부처님 불상 앞에서
그 밑바닥에 붙어 있는
미세한 먼지에 지나지 않는 인간들

나약한 중생은 하늘을 향해
부처님의 훈훈한 자비의 바람을
타오르는 얼굴에 부딪혀본다

부처님 앞에 앉는 것 자체도 수행
아무도 모르는 미지의 세상 속
어느 곳에서 와서 어디로 가는지

산과 나무, 바다가 보이는
자연 속 부처님 앞에서
나의 진짜 얼굴을 찾아본다
과거에 살아온 나의 모습을

지난날보다 앞으로 살아갈 날이
짧게 남은 나의 인생의 참모습을
허공을 향해
한주먹 가득 공간을 쥐고
또다시 염원하고 다짐해본다.

삶의 태도

짧은 시간에 삶은 바꿀 수 없지만
삶의 태도와 행동은 바꿀 수 있지
태도를 바꾸면 행동도 바뀌어
주위를 새롭게 볼 수 있고

삶을 긍정적으로 보는 순간
활기찬 희망이 원천 되어
환희의 미래가 열릴 것이고

아직도 지나간 과거에 붙잡혀
후회와 걱정 속에 살다 보면
그 속에서 빠져나오지 못하니
유쾌한 마음으로 살아 보세나

삶의 태도를 바꿔보면
긍정적인 행동으로 바뀌고
걱정의 굴레 속에서 탈피하여
희망찬 행복과 영광의 그날이
기다리고 있을 거야 당신만을.

생각하는 마음

보라 그대여
더 높은 우주와 자연의 공간을
이 세상 모든 것은
조화를 이루고 살고 있다

자기만의 작은 세계를 지키기 위해
틀린 것이란 없다
다들 생각이 다를 뿐이다

풀은 흙을 먹고
곤충과 토끼는 풀을 먹고
새들은 곤충을 먹고
육식동물은 짐승만을 먹고
결국은 죽으면 흙으로 돌아가고

흙 역시
죽은 것이 썩어 비옥한 자연이 되고
이 세상 모든 것들은
조화를 이루고 살아간다

자기만의 작은 세계를 지키기 위해
틀린 것은 아무것도 없다
다들 생각이 다를 뿐이니까.

암 흑

암흑같이 캄캄한 밤
달빛도 별빛도 삼켜버린
캄캄한 공포의 적막 속에
무섭고 두려운 밤이 다가온다

두근거리는 심장 소리에
숨이 갚아 압박감에 눈물이 난다
두 주먹 불끈 쥐고 사방을 살펴본다
역시 캄캄한 밤 먹물 같은 어둠뿐이다

죽을 것만 같고
숨이 갚아 답답하여 미치겠구나
온몸에 식은땀이 나고 갈증이 난다
저 먼 곳 아무 곳이나 뛰어나가고 싶다

거! 밖에 아무도 없소
날 좀 잡아주오
번뇌 속에서 온통 보이는 것은
암흑같이 검고 캄캄한 것일 뿐.

그 암흑 속에서
한 가닥 정신을 가다듬고
발버둥쳐 본다
정신을 차려야지 정신을 차려야지

불안 초조한 것은 내가 아닌
캄캄한 밤
암흑 같은 밤
밤, 밤이 나빠 던 거지 뭐.

연 탄 재

젊을 때 활활 타는 연탄불처럼
무쇠도 만물도 녹였고
젊음의 혈기 재건의 역군으로
땅속 깊은 곳 암흑의 탄광에도
파고 파는 영광의 삶이었지만

늙은 오늘은 낡음의 환자 되어
젊음의 패기는 어디로 가고
타고 버려진 연탄재처럼
이리 뒹굴고, 저리 뒹굴고
아무리 뒹굴어도 쓸모가 없어져
낡음으로 늙음은 허무한 인생이여

연탄재라고 함부로 굴리지 마라
구르는 만치 흔적은 남는 법
너희 발끝에 묻은 재는 어떻게 해
유수같이 무상한 세월의 삶이여.

열 정

생각이 작고 소박하다고
움츠려들 필요는 없다
생각 그 자체가 소중하니까
작은 일에도 열정을 쏟아보자

미지근함이 아니라
간절함이 서려 있고
어떤 일에 미쳐 있을 때
열정만이 운명을 바꿀 것이고
성공의 이유는 가까이 있는 것

우리 다 같이 미쳐보자
미쳐야만 미친다
미치지 않고 이루는 것은 없다
그 속에서도 웃음을 잃지 말자

웃고 미치는 반복 속에
어느덧 당신은 성취할 것이고
성취해서 웃는 것이 아니라
웃고 미치다 보니 성공한 것이다
우리 다 같이 웃고 즐겁게 미쳐보자.

웃 음

난 웃는 얼굴이 좋다
억지웃음도 좋다
일상에 자연스럽게 나오는
웃음이 얼마나 되겠느냐

거울 앞에 웃음연습도 해보자
친한 친구에게 전화 걸어
큰소리로 웃기만 하고 끊어보자

웃을 때는 다 좋아 보인다
사람들이여
모두 마음껏 웃어보아라
행복해질 것이다

복은 보이지 않으니 확인할 수 없고
병은 분명히 치유되는 것이 보이니
웃음은 행복을 담은 치료제다
나도 앞으로 더 많이 웃어야겠다
우리 다 같이 마음껏 웃어보자.

웃음 치료법

웃음은 행복을 가져온다
행복은 즐겁고 즐거움을 해보자
걱정 많은 사람은 치매도 잘 걸리니
스트레스 받아도 웃으며 살자

웃음은 병의 치료법이요 운동이다
웃을 때는 크고 길게 마음껏
우리 한번 큰소리로 웃어보자

히히히히…… 머리 부근 자극되고
헤헤헤헤…… 목 부근 자극되고
하하하하…… 가슴 부근 자극되고
호호호호…… 아랫배 부근 자극되고
후후후후…… 항문 부분 자극된단다

웃음은 마음의 해독제
손뼉 치며 웃을 때 병들도 도망가고
우울할 때도 손뼉 치며
때굴때굴 구르고 크게 한번 웃어보자

우울증 없는 즐거운 시간 되리니
웃을 땐 체면 버리고
우리 다 같이 마음껏 소리 내어 웃어
건강한 나날을 보내보자꾸나.

유머 인생

유머를 인생에 접목하여 보아라
썰렁한 분위기를 유머로 역전시켜
웃음바다로 만드는 지혜의 유머 묘책

위트와 유머는 우아한 무기이고
분위기를 뒤집어
모면의 순간을 피할 수 있는
인생까지 역전시키는 유머인생

말 없는 사내가 믿음직한 것은 옛말
사람은 혀끝에 정이 있다고 했든가
많은 유머로 인기 있는 사람이 되자

재물이 없고 곤경에 빠져도
웃음을 잃지 않는 여유로움
넘어져도 웃을 줄 아는 유머형 인생

가난과 고난 속에서도 웃음 뒤에는
그 무게가 가벼워지고 복이 온단다
복은 보이지 않으니 먼 훗날 확인되고
병은 분명히 치유되는 것이 보이네

자연의 웃음은 많을수록 좋으련만
하루 속 자연스러운 웃음 얼마나 될꼬
유머 속 억지웃음이라도 웃어보자

난 그렇게 살고 싶다
유머 속의 장난기 섞인 인생으로
하여튼 웃음은 웃음이니까.

돈 이란

돈은 모든 악의 근원
돈 그 자체를 위한 사랑
돈이 위세 하면 진실은 침묵하고

인생이란 묘 한 것
부자들에게는 행복
가난한 이들에게는 비극
부자는 배려가 없고
가난한 사람은 배려가 많다

부자는 정신 문제를 돈으로 풀고
가난한 이는 이웃들에 의지한다
가난할수록 다른 사람들의
느낌을 더 잘 알아본단다

고 학력인 사람은
저 학력인 사람보다
아는 것이 많으니 매몰차게 굴고
타인들의 처지를 이해 못 하네

세상은 무심하여라
이런 세상은 지나가고
온 이웃들과 더불어 사는
평탄한 세상 언제나 오려나.

마음의 생각

인간이란 자기 생각이 옳고
자기만의 방식이 맞고
타인의 생각은 틀렸다고 한다
그것은 분명히 아닐 진데

자유 속 자기의 세계가 있는 것
틀린 것이 아니라 다른 것이고
틀렸다는 것은 틀린 것이니까
차이를 받아주면 마음이 열리고

다른 것을 인정할 때
당신의 세상은 넓어지는 것
바쁜 삶에 주위는 관심 없고
앞만 보고 여유를 갖지 못해
틀렸다고 단정 짓고
자기 방식으로만 바꾸려 하고

자기만의 생각이 옳고
이기려고만 한다면
결국 그 속에 갇혀버려
새장 속에 파들거리는
작은 새와 같은
삶으로 전략 될 것이니까.

바람과 마음

바람은 눈에 보이지도 않고
손으로 잡을 수도 없으며
작용은 분명히 하면서도
거물에 걸리지도 않는다

못 가는 곳이 없고
바람이 없는 곳은 없나니
모양도 없이 미묘하면서도
엄청난 힘을 가지고 있다

바람과 똑같은
힘의 성질을 갖고 있는 것
이리저리 움직이는
사람의 마음이다

마음의 눈을 뜨면 못할 것도 없고
내 고향 뒷동산 어디든지 갈 수 있고
엄청난 힘을 가진 마음의 힘으로
당신의 뜻대로 이루어 보시구려.

희망의 바다

저 바다가 적막의 시간을 깨우고
해뜨기 전 하루를 시작하는 사람들
누구나 새날은 찾아오는 것
오늘도 바다는 묵묵히 제 할 일하고
당신을 부르며 기다리고 있다

당신은 아는가
출렁이는 바다를 보면
멈춘 생각도 움직인다는 사실을
말없이 오래 견디어온 것들은
그들만의 버팀의 지혜를 알고 있고

해녀들의 일과 속 소원은
건강하여 바닷속 해물을 캐며
미역 따는 일을 계속하게 해달라고

인생에는 아름다운 한때가 있듯
열심히 일한 시간도
재미있는 순간이라면 행복한 시간
지금도 바다처럼 당신은 살아 있고
앞으로 살아갈 모습을 바다와 함께
또 하나의 소망을 가슴 깊이 품어본다.

행복의 눈물

사람이란 기쁠 때나
아주 반가울 때는 눈물이 난다
처음 반가움은 웃음이 따르지만
아주 반가움에는
웃음보다 눈물이 앞선다

남북 이산가족의 만남을 보라
눈물은 웃음보다
더 반갑고
행복하다는 것이다
너무 행복하면 눈물이 나듯이
눈물과 행복은 같은 것일까

티 없이 맑고
천사 같은 아기를 볼 때
눈물이 나도록 깨물고 싶듯이
인생이란
다람쥐 쳇바퀴 돌듯
돌고 도는 것이 웃음과 눈물일까.

감동의 행복

나의 진짜 행복을 찾아
헤매어 보았는가
아름다움과 행복이란
멀리 있는 눈부신 것도

아름다워 아름다운 것도 아니고
언제나 감동이 숨어 있으니까
아름다운 것이야

그것은 바로 옆에 가까이
지금 이 순간에도 느낄 수 있지
고요하고 소박한 생활 속에서
찡하게 마음 적시기도 하고

흐뭇한 미소 속에
자신을 활용할 줄 안다면
그것이 바로 행복이지.

내 마음의 향기

분노와 증오
칼날을 삭히고
미소로 부드럽고 여유롭게

행복한 의미 있는 삶을 살기 위해
향기롭게 아름다운
치유의 시를 쓰렵니다

내 마음속
자신을 위하기보다
타인과 상대를 위해서
향기로운 꽃을 심어야겠다

알고 보면
남을 사랑한다는 것은
자기 자신을 사랑하는 것과
꼭~옥 같은 것이니까.

흐르는 세월

흘러가는 세월아
고장 난 시계처럼
옆에 두고 멈추려니
뿌리치고 달려가네

늠늠한 모습으로
푸른 잎이 너풀댈 때
밤이면 찬이슬이
잎사귀를 짓누르고

푸른 잎에 누런 옷 잎혀
하나 둘 날려 보내
앙상한 가지들만
남아 있게 하였느냐.

곽병수 시인의 시 세계

시 평론 문학박사 김영미

곽병수 시인의 시 세계

문학박사 김영미

1.

우리는 살아가면서 많은 사람들을 만나게 된다. 그중에는 만나면 왠지 마음이 편안해지고 기분이 좋아지는 사람이 있는가 하면, 그와는 반대로 만나면 어딘지 모르게 불편하고 마음이 무거워지는 사람을 접하게 되기도 한다. 곽병수 시인은 그 전자에 속하는 사람이라 할 수 있다. 그를 만나면 그의 외모에서 풍기는 넉넉함과 호탕함이 전해져 왠지 마음이 시원시원하고 편안해 짐을 느낀다. 그것은 그가 평소에 흐트러짐이 없이 단정한 삶(바른 생활)을 살아오면서도 언제나 에너지가 충천(衝天)해 있어, 그와 함께 있으면 생동적인 에너지가 옮아오는 듯한 기분이 느껴져서 일게다. 그는 건설회사 사장이라는 명함보다는 시인이라고 불러주는 것을 더 좋아하는 사람이다. 그만큼 그가 추구하는 삶의 가치가 문학(시 쓰기)쪽으로 옮겨간 것으로 보인다.

곽병수 시인은 군대복무 시절, 어머니를 여의고 3개월 후에 다시 아버지마저 여의었다.
그러니까 같은 해에 3개월 간격으로 부모님을

모두 잃게 된 것이다. 곽시인은 엄청난 충격과 절망감에 사로잡혀 있을 수밖에 없었다. 그는 그 서글프고 처절한 마음을 가눌 길이 없어 한동안 비탄에 잠겨 있었다. 1년쯤 지난 뒤 곽병수 시인은 그러한 상황을 극복해 보려는 생각에, 절망적인 '마음을 글 속에 묻으며 살자'
하는 심정에서 낙서처럼 시를 쓰기 시작하였다. 그는 당시 '백모지' 라고 불렀던 (종이질이 좋지 않은) A4용지를 군화 끈으로 묶어서 노트 철을 하여 제목을 '마음의 무덤' 이라고 정하고 힘들 때나 외로울 때, 무언가 하소연하고 싶을 때마다 글을 쓰곤 했었다.

제대 후 그는 글만 써서는 가난을 면하기 어렵다는 판단하에 공직 생활을 거쳐 건설업을 하면서도 언젠가는 글을 써야지 하는 생각에 군복무시절의 그 노트를 내내 간직하고 있었다. 이제 자식들이 장성하여 모두 떠나보내고, 인생의 황혼기를 맞이하면서 그때로부터 45년이 지나서야 곽병수 시인은 다시 시를 쓰기 시작한 것이다.

삶에 연륜이 켜켜이 쌓인 곽병수 시인은 시류의 문학적 완성도나 문학의 미학적 야망에 중심을 두기보다는 곽병수 시인 자신의 정서적 체험과 반응, 변화, 치유적 과정에 더 무게를 두고 있다.

2.

우리가 일반적으로 대화할 때는 말하는 사람이 듣는 사람을 향하여 자신의 의사를 전달하는 형식의 말을 한다. 말하는 사람이 말하려고 하는 내용을 전달하고자 할 때, 그는 자신의 의도를 보다 잘 표현하기 위하여 여러 가지를 고려하게 마련이다. 우선 전달하고자 하는 내용에 적합한 어조(tone)를 선택하고 듣는 사람의 수준에 맞는 말을 선택한다. 그다음에는 적합한 비유나 예를 들어 이해를 돕도록 노력한다. 이러한 점은 시인이 시를 쓸 때도 마찬가지이다. 시인 나름대로의 표현방법과 개성적인 언어 전략을 필요로 하는 것은 당연한 것이다. 이렇게 볼 때 시도 일종의 대화이다. 그런데 시의 대화는 2인칭(독자)을 향한 대화체만을 쓰는 것은 아니다. 시인이 의도하는 바에 따라 얼마든지 독백체의 대화가 가능한 것이 '시'이다. 시는 규범적인 문법을 초월하기 때문이다. 시인이 표현하고자 하는 방법에 따라 대화체를 사용하기도 하고, 때로는 독백체를 사용하기도 한다. 잘 아는 바와 같이 김소월의 「진달래꽃」이나 한용운의「복종」은 2인칭을 향한 대화체이지만, 윤동주의「서시」나 이육사의「절정」은 독백체이다. 그중에서 독백체는 작가 자신을 가다듬을 때 주로 사용하는 방법이다. 곽병수 시인은 독백체를 지배적으로 사용하여 자신이 살아온 삶의 진정성에 대한 성찰적 자세를 나타내고 있다.

해답은 내 마음속에 있다
자기 자신을 인정하고
모든 문제와 해답은
나에게 있다는 것을 깨닫고

－ 「내마음」 중에서 －

외로움과 시끄러움의 교차점에서
일부러 조용한 나만의 시간을 만들어
자신과의 대화에 몰두하면서
우울한 감정을 나누며 마주하여 본다.

_ 「나만의 시간」 중에서 －

누가 뭐라 든, 누가 뭐 라든
내 꿈은 하늘이다
꿈이 높다고 그 누가 뭐랄 소냐
내 마음과 싸워 이겨야만 한다.

_ 「누가 뭐 라든」 중에서 －

이와 같은 곽시인의 모놀로그는 연륜에서 오

는 정서적 체험의 결과로 보여 진다. “모든 문제와 해답은/ 나에게 있다는 것을 깨닫고” 나 “일부러 조용한 나만의 시간을 만들어/ 자신과의 대화에 몰두하면서” 라든가 “누가 뭐 라든, 누가 뭐 라든/ .../ 내 마음과 싸워 이겨야만 한다” 등 이러한 표현들은 결국 모든 문제는 자신이 어떻게 마음먹느냐에 따라 달라진다는 것을 노래하고 있다.

이것은 원효대사가 당나라로 유학을 가던 중에 해골에 괸 물이 상황에 따라 다르게 느껴진다는 것에서 “모든 깨달음은 마음먹기에 달려 있다.” 는 진리를 깨닫고 편, 일심 사상과 맞닿아 있다. 일심 사상이란, 모든 진리는 결국 하나의 진리를 향해 있다는 말로써 “진리는 밖에서 찾을 것이 아니라 자기 자신에게서 찾아야 한다는 것을 의미한다. 원효대사가 부처의 뜻이자 모든 것의 근거인 이 일심 사상을 통해 자신의 사상(思想)을 정립하고자 했다면, 곽병수 시인은 이 일심 사상을 통해 자신의 시상(詩想)을 전개하고 있는 것이다.

원효는 많은 글들을 저술하였으나, 문자나 형식에 집착해서는 안 된다고 강조하였다. 원효는 인간이 값있는 삶을 살기 위해서는 본연의 맑은 마음을 드러내는 일이 가장 중요하다고 보았다. 그는 법복을 입었다 하여 깨우쳤다고 교만해진다면 오히려 구제받을 수 없는 진짜

천민이라고 갈파한 바 있다.

곽병수 시인 또한 시를 쓰는 시인이라고 해서 교만하지 않고 하염없이 자신의 마음을 갈고 닦아 본연의 맑은 감정을 드러내기 위해 정진하는 자세로 일관하고 있다. 이것은 인생의 황혼기를 자연의 황혼처럼 아름답게 물들여 가며 값있는 삶을 살고자 하는 곽병수 시인의 삶의 자세를 나타내고 있는 것이다.

황혼기에 접에든 작가 자신의 인생을 반추해 보는 작품을 살펴보기로 하자.

늘 화려하고 활기차게
피어나는 봄의 꽃보다
저물어 가는 노을
시들어가는 가을꽃이 더 아름답다

가을은 냉혹하고 스산하다
꺼져가는 생명의 아픔을
불태우며 스스로 견디는
울긋불긋한 단풍잎

시들어 버린 꽃잎들
바싹 말라붙은 잎사귀

죽어가는 야생화
푸른 잎을 받쳐주던 그 모습
앙상하게 드러낸 나뭇가지

홀로 흰 눈밭에 서 있는 노송

저 먼 곳에서 외롭고
쓸쓸히 꺼져가는 것들도
그 얼마나 아름답고 눈부신가

– 「꺼져가는 아름다움」 전문 –

이 작품은 시인의 센티멘털리즘(sentimentalism)을 표현하고 있다. 꺼져간다는 것은 어찌 보면 몹시 초라하고 을씨년스런 분위기를 자아내는데, 시인은 그것을 아름답다고 노래하고 있다. 일군의 독자들은 이것을 역설적인 표현으로 볼 수도 있겠으나, 필자의 생각으론 있는 그대로를 받아들이려는 삶에의 긍정적인 태도를 나타낸 것으로 보인다.

"화려하고 활기차게 피어나는 봄꽃보다, 저물어 가는 노을이나 시들어 가는 가을꽃이 더 아름답다"고 표현한 시인은 이미 봄꽃을 넘어 봄꽃이 피기까지의 과정을 함께 보고 있으며, 노을이나 가을꽃 넘어 노을이 지기까지 하루 동안 해의 항로나 가을꽃이 시들어 가기까지의 과정을 삶의 역정과 함께 보고 있기 때문에 아름답게 보는 것이다. 이 같은 시각은 2연과 3연에서 조금 더 심화되어 나타난다.

2연에서 느낄 수 있는 것은 자식들을 성장시켜

떠나보내기까지 인생의 여정에서, 희로애락의 기복에 휘둘리면서 아롱진 삶의 궤적들을 울긋불긋한 단풍잎에 빗대어 보고 있다. 그래서 노년기의 쓸쓸함과 가을날의 냉혹함 스산함이 함께 오버랩 되고 있다. 3연에서는 시들어 버린 꽃잎이나 죽어가는 야생화가 단순히 시들어 버리거나 죽어가는 것이 아니라 제 역할을 다하고 즉, 자기가 해야 할 일들을 충실히 다 해내고 차츰차츰 사위어 가는 모습으로 보고 있으며 이것을 시인 자신과 동일시하여 보고 있는 것이다. (비바람이 몰아치는) 어떠한 환경조건도 극복해 가면서 잎이 나야 할 때 나고, 꽃이 피어야 할 때 피고, 그리고 꽃이 져야 할 때 지고, 잎이 져야 할 때 지기 때문에 마지막 연에서는 "저 먼 곳에서 외롭고 쓸쓸히 꺼져가는 것들도" 아름답고 눈이 부시다고 노래하고 있다. 그러니까 시인은 자연물의 꺼져가는 그 모습 속에서 꺼져가기까지의 과정들을 함께 들여다보고 있다.

그렇기 때문에 이러한 모습들을 허무하다거나 무상(無償)하다거나 쓸쓸하게 보지 않고 시인은 아름답게 바라보고 있는 것이다. 이것은 시인 자신이 온갖 풍상이 섞어 치는 시련기에서도 꿋꿋하고 묵묵하게 그러면서도 책임감 있게 살아왔기 때문에 보여 지는 시각이다. 자연의 변화를 있는 그대로 가도 가도 생(生)으로 아름답게 바라보는 그 이면에는 시인 자신이 열심히 살아온 삶에 대해서도 스스로 인정하고 긍정하는 자세를 포괄하고 있다.

지금 집에는 나 홀로
아무도 없고 조용하니
산속의 절이 된다

나 홀로
과거의 일들을 생각하게 되고
반성도 하게 되니
삶이 돈독해 질 수밖에

혼자 있는 시간도 수행이라 했든가
그동안 생각지 못한
많은 것들을 생각할 수 있는
여유가 있으니까

세상을 살아가는 중심은 바로 나
주위를 바꾸려고 하지 말고
내가 나를 바꿔보면
세상 모든 것이 바뀌지고
나를 중심으로 변해나가는 것

지금 산속의 절로 바꾸는 마음같이
행복이란 마음속에 있는 것
생각에 대한 의식이 중요하다고
새삼 느껴보는 순간들이다.

– 「나 홀로」 전문 –

황혼기에 접어든 시인 자신의 삶을 아름답게 바라보고 인정하는 긍정적인 자세는 위의 작품에서처럼 언제나 정진하는 자세가 되어 있기 때문에 가능하다. 시인은 집에 홀로 있는 시간을 마치 사찰에서 수행(修行)하는 것처럼 생각하고 있다. 혼자 집에서 과거의 여러 가지 일들을 생각하고 반성한다는 것은 결국 자기 자신을 가다듬는 일이지만, 이것을 불교적인 용어를 빌어 표현하자면 지관 수행(止觀修行)을 하고 있는 것이라고 말할 수 있다.

지관 수행법에서 지(止)는 몸과 마음을 그치게 함으로써 번뇌를 가라앉히는 수행법이다. 관(觀)은 자신의 몸과 마음을 늘 관찰함으로써 지혜를 얻어가는 마음공부이다. 정리하여 말하자면 지관수행은 잡념을 버리고 마음을 하나의 대상에 집중시켜 바른 지혜로 대상을 비추어 보는 일이다.

시적 화자가 그렇게 수행하여 얻은 깨달음이 내 생각이 바뀌면 세상이 달라져 보이는 것이요. 행복도 마음속에 있으니 "생각에 대한 의식이 중요하다고" 느끼는 것이다. 이것은 결국 마음먹기에 따라 세상이 얼마든지 달라져 보이기도 하고, 마음먹기에 따라 행복과 불행도 생겨나는 것으로써 앞에서 언급한 원효대사의 깨달음과 맥이 닿아 있다. 「마음의 각오」, 「마음의 결정」, 「자신과의 대화」, 「삶의 태도」, 「침묵」 등 크고 넉넉한 마음으로 자신의 내면을 들여다보고 갈등도 마음먹기에 따라 달라질 수 있음을 노래하는 것이 곽병수 시인의 지배적인 모놀로그이다.

3.

언어란 음성이나 문자로써 인간의 사상·감정을 나타내어 전달하는 것이며, 메타언어란 언어를 대상으로 하는 언어를 말하는 것으로, 즉 언어에 대한 언어를 말한다. 예를 들면 문학을 대상으로 하는 문학은 메타문학이요, 소설을 대상으로 하는 소설은 메타소설이다. 그렇다면 시를 대상으로 하는 시는 '메타시'라고 할 수 있다.

> 일반적으로 문학이나 문학가에 대한 회의와 반성 그리고 되돌아봄이 문학에 반영되어 있는 것이 메타문학이다. 그래서 메타문학은 근본적으로 자기 반영성을 가진 것이 된다. 여기서 메타시는 시나 시인에 대한 회의와 반성 그리고 되돌아봄이 시에 반영되어 있는 것을 의미하게 된다. 다시 말하면 메타시는 시에 대한 시 쓰기를 말한다.
> (고현철, 「패러디와 메타시의 방향」, 『구체성의 비평』, 전망, 1997, 75면)

위의 인용문을 통해서 알 수 있듯이 시나 시인에 대한 시 쓰기가 '메타시'라는 것이다. 곽병수 시인의 작품을 예로 들어보면,

생각지도 못한 슬픔과
생각했었던 웃음이 공존하는 시
아련히 아프면서도 따뜻한 시

처음엔 슬프게 하더니
점점 웃게 하는 희망이 가득한 시
슬프고 감동적인 시
그래도 재미가 있네요

– 「시의 매력 2」 중에서 –

우리는 시를 감상하다가 그 내용에 진한 감동을 받게 되면 눈물을 흘리기도 하고, 때로는 감정이 고조되어 웃기도 하며, 때로는 시를 통해 대상에 대한 새로운 이치(理致)를 깨닫기도 한다. 곽병수 시인 또한 지신이 시를 통해 얻었던 감정들을 되돌아보며 시에 대한 자기의식을 반영하고 있다. 그는 주로 시가 그에게 있어 얼마나 큰 의미이고 행복이 되는지를 노래하고 있다.

아! 옛날이여
우리들의 만남의 장소
과거는 주점, 지금은 서점

그것은 바로 시의 세상이어라

아! 오늘이여
더 큰 세상을 꿈꾸며
거장(巨匠)의 내면을 들여다볼 수 있는
시구(詩句)를 주워 모아 보자

– 「시의 만남」 중에서 –

눈물이 변해 감동이 되는 순간
슬픔, 행복, 사랑, 이별
한순간도 놓칠 수 없는 시의 매력

초록빛 향기에 흠뻑 젖어든 추억
가슴이 시리도록 예쁘고
행복한 감동적인 순간

– 「시의 매력1」 중에서 –

작금의 시대는 대중문화로 대표되고 있는 영화에 비해 문학인 시가 소외되고 있는 실정이다. TV와 스포츠가 대중(독자)들을 사로잡고 있는 이 시대에 곽병수 시인은 마치 시와 사랑에 빠져 있는 듯이 보인다. 그러니까 메타시의 특징 중의 하나인 시에 대한 반성적인 시각으로 시를 바라보는 것이 아니라, 시를 되돌아보며 최대로 즐김이 반영되어 있다. 일테면 시가 소외된 시대에 시 쓰는 즐거움과 행복을 강조하다 보니 시대에 대한 아이러니를 표현하게 된 것이라고 할 수 있다.

이승훈은 「메타시의 매혹과 전망」에서 "메타시는 시를 대상으로 하고, 시인, 독자, 시 쓰기의 과정을 대상으로 한다" (이승훈, 「메타시의 매혹과 전망」, 『한국현대시의 이해』, 집문당, 1999, 54면) 고 논한다. 여기에는 시에 대한 시 쓰기 뿐만 아니라 영화에 대한 시를 쓰거나, 소설에 대한 시를 쓰거나, 혹은 그림에 대한 시 쓰기도 포함하고 있다고 한다(이승훈, 앞의 책, 63면). 한국에서 이와 같은 메타성을 내포한 시들이 대두된 것은 1990년대부터 이다.

곽병수 시인의 시에 나타난 이러한 메타성은 매스미디어에 의한 대중화 시대의 맥락에서 시에 대한 사유를 전경화 한 것이라고 볼 수 있다.

3.

곽병수 시인의 총체적 삶의 원칙은 순리에 따라 자연의 섭리에 따라 물의 흐름처럼 부드럽게 흘러가는 것이다.

남쪽의 정기를 담은 남한강

북쪽의 정기를 담은 북한강
서로 만나는 이곳 두물머리
두 몸이 한 몸 된다는 이곳
이별 없는 연인들의 만남의 장소

남남북녀라고 했든가
남쪽의 총각님과 북쪽의 처녀님이
서로 만나는 이곳 두물머리
사랑이 싹트고 하나로 합쳐져
흘러가 부부가 된다는 이곳

두 쪽의 강물이 서로 만나
한 몸 되어 손을 맞잡고
한 곳으로 흘러 흘러 한강이 되어
소중한 인연으로 서울구경 같이하고
넓은 바다 그리운가 유유히 흘러가네.

우리도 자연의 강물같이
두물머리처럼 너와 내가 만났으니
한마음 한뜻으로 정을 나누며
행복하고 즐겁게 평생을 같이하여
오손도손 정답게 살아 보세나.

–「두물머리」 전문 –

위의 작품은 건전가요로 불러도 좋을 만큼 밝은 정서가 정겹게 느껴진다. 두물머리 강물의 흐름을 남녀의 만남으로 자연스럽게 연결시켜 순리대로, 자연의 섭리대로, 그렇게 삶을 살아갈 것을 예찬하고 있다. 이 작품을 읽고 있으면 두물머리 맑은 물속에 달림이 살포시 내려와서 쉴 것 같고, 연인들이 만나는 장소의 정자나무에는 어여쁜 새들이 보금자리를 틀고 있을 것 같은 그림들이 마음속에 그려진다.

곽병수 시인은 이 작품 속에서 물의 흐름을 통하여 삶의 순리(順理)에 대해 노래하고 있다. 물은 흐름이 순리이다. 물은 스스로 길을 찾아간다. 넓이도 깊이도 스스로 맞춰서 흐른다. 물은 낮은 곳부터 채우고 낮은 곳으로 흐르면서, 굽이굽이를 돌고 돌며 흐르는 것도 순리에 따르는 것이다. 비켜가야 할 곳에서는 비켜서 흐르고, 돌아가야 할 곳에서는 돌아서 흐른다.

곽병수 시인은 물의 흐름을 보면서 순리를 보고 있다. 삶의 순리는 도리(道理)를 따르는 것이다. 도리는 사람이 지켜야 할 바른길이다. 순리대로 사는 삶은 도리를 따라 사는 것이다. 순리를 따르지 못한다는 것은 매여 있기 때문이다. 돈에 매이기도 하고, 일에 매이기도 하고, 명예와 지위에 매이기도 하고, 온갖 욕망에 매이기도 한다.

남한강 북한강 두 강물이 서로 만나 한 몸을 이루며 순리에 따라 흘러가듯이, 우리네 삶도 한마음 되어 순리대로 낮은 곳으로 낮게 흘러도 낮은 것이 아니고, 서울구경 한다고 멈춰도 멈춘 것이 아니며, 오순도순 돌고 돌아서 가도 돌아가는 것이 아닌 순리를 따라 사는 삶이라는 것을 시인은 노래하고 있는 것이다.

> 낮추어라 자세를
> 더 이상 떨어 질레야
> 떨어질 수 없는 물같이 낮은 자세로
>
> – 「정상」 중에서 –

> 마음을 비워 버리면
> 쉬운 길로 들어 갈 수 있을 것이고
> 복잡하게 얽힌 마음이
> 부드러워지고 가벼워질 것이다
>
> – 「놓음」 중에서 –

위의 작품들도 곽병수 시인의 삶의 원칙과 같은 맥락에서 순리적인 삶을 노래하고 있다. 삶의 자세를 "물같이 낮은 자세로" 낮추고, 헛된 욕망으로 차있는 "마음을 비워 버리면" 얽매임에서 벗어나 순리를 따르는 삶이 된다는 것을 말하고 있다.

4.

곽병수 시인의 『마음의 무덤』에 나타나는 특징은 여러 가지가 있으나 그중에 두드러진 세 가지를 살펴보았다.

첫째는 자기 자신을 가다듬는 진솔하면서도 진중(鎭重)한 삶의 자세로서의 모놀로그가 지배적이라는 점이다. 이것은 자신의 내부에서 표출하는 정서적 체험을 진솔하게 표현하는 방식으로, 그 내용을 한마디로 요약하면 원효대사께서 깨달음을 얻은 불교의 사상인 '일체유심조' 이다.

둘째는 시 자체나 시인, 독자, 시가 이루어지는 과정을 대상으로 하는 메타시 이다. 이것은 시가 정서, 관념, 사상 등을 반영하는 것이 아니라, '현상'적인 시 쓰기 자체가 바로 현실이 되는 것이다.

셋째는 물 흐르듯이 순리대로 사는 삶의 자세이다. 욕심을 버리고 마음을 비우며 산다는 것은 참으로 쉬운 말이지만, 실천 하기는 매우 힘든 일이기도 하다. 우리는 우리의 얼굴 모습을 마음대로 결정할 수 없지만, 표정은 마음대로 결정할 수 있으며, 우리에게 찾아오는 시련은 마음대로 결정할 수 없지만, 자신의 생각은 마음대로 결정할 수 있다.

물은 유연하게 흐르면서 벼 이삭을 키우고 목마른 짐승의 갈증을 풀어 주면서 낮은 곳을 향해 흘러간다. 물처럼 부드러운 표정으로 살면서

다양한 사람들을 너그럽게 포용하고 겸손하게 자기 자신을 낮추는 삶을 살아야 한다는 것이 곽병수 시인의 시 세계 이다.

곽병수 시인의 시집을 통틀어 볼 때, 그의 시들의 대부분이 긍정의 세계를 추구하고 있으며 활달한 운율미가 넘친다. 그는 그의 힘 있는 에너지를 시에 퍼담아서 '아름다운 삶의 불씨' 를 일으키려는 토운을 유지하고 있다. 이 시집에는 절망이나 죽음의 태도 같은 것은 없다. 누구보다 삶을 사랑하며, 따뜻한 시선으로 주변을 감싸 안으려는 시인의 태도가 엿보인다.

한 가지 아쉬운 점은, 곽병수 시인은 시를 창작할 때에 세부적인 것을 너무나 장황하게 묘사하고 있다. 다음 시집에서는 세부묘사를 좀 더 함축적으로 하여 사고나 감정의 관념을 반영시켰으면 하는 바램이다.

문학박사 김영미